BOCAGE

PARIS. — IMP. SIMON RAÇON ET COMP., RUE D'ERFURTH, 1

BOCAGE

LES CONTEMPORAINS

BOCAGE

PAR

EUGÈNE DE MIRECOURT

PARIS
GUSTAVE HAVARD, ÉDITEUR
15, RUE GUÉNÉGAUD, 15
1856

L'Auteur et l'Éditeur se réservent le droit de traduction
et de reproduction à l'étranger.

BOCAGE

Il est impossible d'écrire l'histoire littéraire et politique de ces trente dernières années sans consacrer quelques pages à l'un de nos plus fiers démocrates, au chaleureux interprète du drame moderne; à l'illustre citoyen qui a pris le romantisme et la République sous son patronage, et qui ne désespère pas encore, à l'heure où nous écrivons, d'être élevé quelque jour au rang de premier consul.

Pierre-Martinien Bocage-Tousez[1] est né à Rouen en 1803.

Simples cardeurs de laine, ses parents ne purent lui donner aucune espèce d'éducation. Notre héros, à l'âge de treize ans, ne savait ni lire ni écrire; seulement il avait retenu le nom des lettres et leur forme en les étudiant sur l'enseigne des boutiques ou sur l'écriteau des rues.

Il finit par les assembler de lui-même et par apprendre à écrire sans maître.

Voici comment et en quelle occasion.

Forcé de travailler dans une fabrique à une époque de l'adolescence où le man-

---

[1] Tousez est le nom de sa mère.

que d'air, la fatigue et surtout la mauvaise nourriture produisent des résultats si déplorables, Pierre-Martinien fut attaqué d'une fièvre cérébrale et resta pendant trois semaines entre la vie et la mort.

Ses parents, qui ne pouvaient perdre une seule journée, sous peine de tomber dans une détresse profonde, le confièrent à la garde d'un de ses frères, beaucoup plus jeune que lui.

Ce dernier fit boire de la tisane au malade, et chercha d'abord à le distraire en lui montrant les images d'un livre prêté par une voisine.

Mais, quand on eut examiné ces gravures à cinq ou six reprises différentes, elles n'offrirent plus le moindre charme.

Notre petit infirmier courut jouer aux billes ou à la marelle, laissant son frère en compagnie du volume et de la fièvre.

Resté seul, et feuilletant de ses doigts amaigris cet ouvrage, qui n'était rien autre que l'*Ami des enfants* d'Arnauld Berquin, le jeune malade étudia pour la première fois sur les pages d'un livre les caractères alphabétiques.

Un prodigieux travail s'accomplit dans ce cerveau surexcité par un mal aigu.

Pierre-Martinien Bocage assembla les syllabes, épela les mots, déchiffra successivement les phrases, et sut lire au bout de la journée.

Quand sa mère rentra de la manufacture, elle le trouva dans un état de délire affreux. Il avait la tête brûlante; son œil injecté de sang, paraissait vouloir sortir de l'orbite.

La pauvre femme crut son enfant perdu.

Mais, par une chance extraordinaire, cette tension d'esprit, qui devait accroître le mal, fit naître une crise favorable.

Le lendemain, Pierre était sauvé.

Dieu, — pardon, nous allions dire un blasphème! — le diable ne permit pas qu'Alexandre Dumas, chez lequel se développaient, vers la même époque, les premiers instincts littéraires, fût privé du seul homme capable de comprendre *Antony* et de représenter dignement ce héros de la lubricité fougueuse et de la passion frénétique.

A partir de sa convalescence, Pierre

eut un profond mépris pour les jeux de son âge.

— Il devint sombre et taciturne.

Son âme était dévorée d'un immense besoin de lecture. Après avoir cardé de la laine pendant douze heures, il en prenait régulièrement cinq par nuit sur son sommeil pour lire tous les livres, et copier tous les manuscrits qui lui tombaient sous la main.

Ce fut ainsi qu'il se passa de maître d'écriture.

Un vieux bouquiniste du faubourg de Martinville, ami de son père, lui prêta tout son étalage.

— Ne te gêne pas, Pierrot, lui disait-il, prends à même ! Je ne veux rien gagner avec toi, qui es mon filleul. Seulement veille à la marchandise. Une tranche salie, un feuillet déchiré, me feraient perdre cinquante pour cent.

— Je ne veux rien pour rien, dit notre héros, déjà pourvu de ce magnifique orgueil que nous verrons chaque jour s'accroître.

— Pourquoi cela? dit le parrain bouquiniste.

— J'ai mes raisons, répondit le filleul. Si je suis un jour quelque chose, je ne veux le devoir à personne qu'à moi. Votre vue s'affaiblit par l'âge, et je puis vous être utile en écrivant les titres sur la couverture des livres que vous rhabillez à neuf. De cette façon, nous serons quittes.

— Soit, comme tu voudras, Pierrot, dit le vieux Normand.

Ce marché conclu, Bocage se mit à lire le *Traité des lois ecclésiastiques* du jésuite espagnol François Suarès, la *Nef des dames vertueuses* de Symphorien Champier, l'*Histoire des causes premières* de l'abbé Charles le Batteux, et une foule d'autres ouvrages aussi intéressants.

Puis, un beau jour, il tombe sur le répertoire de la Comédie-Française.

Le premier volume qu'il ouvre agrandit les perspectives de son intelligence et lui révèle tout un monde.

Il débute par la lecture d'une charmante pièce de Marivaux, les *Acteurs de bonne foi*, petit chef-d'œuvre dramatique, étincelant de verve, que messieurs les comédiens ordinaires de l'Empereur seraient bien avisés de reprendre, car il n'a pas été joué depuis environ cent ans.

On le devine, ceci fixa la vocation de Bocage.

Marivaux, père d'*Antony*... O fortune! voilà de tes coups.

En moins de six semaines, Pierre-Martinien connut tout le vieux répertoire. Une sorte de *fiat lux* éclaira le chaos de ses lectures; il choisit dès lors ses ouvrages, apportant de l'ordre et de la méthode dans son éducation de hasard, et s'imposant chaque jour une tâche qu'il remplissait avec ardeur.

Pour se reposer de l'étude des œuvres dramatiques, il lisait de temps à autre quelques chapitres de roman.

Ce fut ainsi qu'il lia connaissance avec

Gil Blas, Tom Jones, Clarisse Harlowe et don Quichotte.

Le héros de Cervantès, ce fou doublé de sagesse, eut toute la sympathie du jeune Bocage, et de la sympathie à l'imitation la distance est courte. Voilà sans contredit l'origine de l'héroïsme burlesque et des innocentes allures de pourfendeur qui sont les principaux traits du caractère de l'homme que nous avons à peindre.

Bien que pourvu d'une dose d'ignorance assez forte encore, Bocage était infiniment plus versé dans la littérature théâtrale que la plupart des Français majeurs de son époque.

Jamais il n'était entré dans une salle de spectacle.

Aux foires de Darnetal, il avait bien vu

çà et là quelques parades de saltimbanques. Leurs grossiers lazzi, leurs gestes avinés et leur dialogue saugrenu ne pouvaient lui donner de l'art dramatique, vers lequel continuaient de l'entraîner toutes ses prédilections, qu'une idée fort incomplète. Ses chers bouquins n'avaient pas manqué de lui dire qu'il existait une autre comédie tout à la fois noble et familière, où la délicatesse et la gaieté se mariaient dans un aimable accord.

Mais sa mère, pieuse et digne femme, le suppliait de ne jamais franchir le seuil d'un théâtre, disant, non sans quelque apparence de vérité, que, dans ce séjour des mondains plaisirs, le démon régnait en maître et tendait ses piéges à l'innocence.

Or, à l'étalage de son bouquiniste,

Pierre-Martinien venait de découvrir quinze tomes dépareillés des œuvres de M. de Voltaire.

Lecture faite de ces volumes, il taxa de radoteries superstitieuses les observations maternelles, et prit résolument, pour ses cinq sous, une place de paradis au grand théâtre.

On annonçait sur l'affiche les *Ruines de Babylone*, drame de Guilbert de Pixérécourt, qui avait fait fureur à Paris l'année précédente.

Bocage ouvre tous ses yeux et toutes ses oreilles.

Mais, dès la première scène, il regrette les saltimbanques de la foire. La déclamation ampoulée des acteurs, le style creux et flasque du dramaturge, lui causent une fatigue mêlée de dégoût.

— Ma foi, le sort en est jeté! dit-il à son jeune frère, en regagnant, après la représentation, le petit galetas où ils couchaient ensemble, sous les toits : je pars demain pour Paris. Là seulement on trouve de bonnes pièces et de bons acteurs.

Il y avait beaucoup d'entêtement dans sa nature et une promptitude extrême à exécuter les résolutions prises.

En vain sa mère déclare que Paris est une ville d'impiété, où l'on court grand risque de perdre ses croyances. Bocage, l'esprit encore imbu de la lecture des *Lettres philosophiques*, lui insinue que la religion chrétienne pourrait bien n'être qu'une sottise, et la pauvre femme à ces raisonnements sacriléges ne sait répondre que par des pleurs.

— Mais, dit-elle, si tu tombes dans le besoin?

— Bah! je serai fortune!

— Voilà ce que disait ton père, il y a deux ans, lorsqu'il nous a quittés lui-même pour aller à Paris...

— Exercer l'état de tonnelier, mauvaise affaire!

— As-tu donc une meilleure profession?

— Oui, je serai comédien.

— Jésus! c'en est fait de toi, malheureux enfant!

Les sanglots redoublent.

Pierre l'embrasse, la console, réussit à

force de caresses à obtenir une faible somme nécessaire à ses frais de route, et se dirige pédestrement vers la grande ville, chaussé d'une paire de sabots et portant un modeste paquet de hardes au bout d'un bâton.

Félix Pyat, jadis, a raconté quelque part un épisode de ce premier voyage du célèbre acteur.

Pierre, ayant fait environ le quart du trajet, rencontre à la porte d'une auberge de village un jeune compatriote, fatigué comme lui du séjour de la capitale normande, mais qui, comme lui, ne semble pas devoir gagner à un changement de position. Fils de famille, opulent fuyard, il est traîné par deux chevaux de race dans une calèche superbe.

Entre l'enfant prodigue et le jeune cardeur de laine s'établit la conversation suivante :

— Où vas-tu ?

C'était le maître de la calèche qui entamait ainsi le dialogue. L'aristocratie, comme la République, pousse au tutoiement.

— Je vais à Paris, dit le voyageur en sabots.

— Moi aussi. Qu'y vas-tu faire ?

— Essayer de m'engager comme comédien.

— Moi aussi, parbleu ! Voilà qui est bizarre ! dit le jeune homme, sautant avec vivacité dans sa voiture. Si nous voyagions ensemble, cher confrère... hein, qu'en dis-tu ?... Nous causerons théâtre.

— Volontiers, dit Bocage, regardant avec convoitise les coussins moelleux.

Il allait poser un sabot sur le marchepied, quand tout à coup l'automédon, gros domestique gonflé de cidre et d'insolence, dit à son maître :

— Pardine ! on rencontrera bien là-bas quelque fillette dont les jambes seront plus fatiguées que celles de ce lourdaud !

Sans attendre la réponse, il fouette l'attelage, qui part ventre à terre, laissant Pierre-Martinien profondément blessé dans son orgueil.

Approuvant sans doute la raison victorieuse du cocher, le jeune voyageur ne se retourna même point, afin d'adresser un signe d'adieu à celui qu'il venait d'appeler confrère.

Ce fut à partir de ce jour que Bocage eut les aristocrates en haine.

Il jura de prêter main-forte partout et sans cesse à ceux qui voudraient les démolir.

Quelques années plus tard, il retrouva le maître de la calèche dans un théâtre secondaire. Le malheureux s'était pris à tous les piéges et à toutes les chausse-trapes des coulisses; il y avait laissé le dernier lambeau de sa fortune sans acquérir l'ombre de talent, et remplissait fort mal l'emploi des utilités.

— Où donc racolez-vous de pareils mufles[1] ? dit Bocage au régisseur. Débarrassez-nous de cela au plus vite.

[1] Épithète aussi *élégante* que pittoresque, empruntée à l'argot des coulisses.

L'utilité fut mise à la porte le soir même.

Notre héros eut soin de lui glisser à l'oreille ces mots impitoyables :

— Je te poursuivrai partout... partout, je t'écraserai! Souviens-toi de l'auberge et de l'homme aux sabots!

Mais reprenons le fil de notre histoire.

Arrivé pédestrement à Paris, Bocage alla, comme de juste, descendre chez son père, qui le reçut de la façon la plus brutale et ne lui offrit même pas une chaise pour se reposer.

— Qui te demande ici? lui cria-t-il. J'ai déjà beaucoup de peine à me tirer seul d'affaire. Va au diable!

Il le renvoya sans miséricorde.

Voyant qu'il ne fallait pas compter sur

l'appui paternel, Pierre-Martinien ne perdit point courage et pria les passants de lui enseigner le Palais de Justice.

On va croire peut-être qu'il avait dessein de recourir à la loi pour forcer son père à lui donner asile. Telle n'était point son intention. Normand jusqu'au bout des ongles, il songeait que toute grande ville a nécessairement un antre où siége la chicane avec son cortége de juges, d'avocats, de procureurs, de greffiers, de plaideurs, de criminels et de gendarmes.

— Là, se dit-il, on a toujours beaucoup de papier timbré à noircir, et je trouverai sans doute à utiliser mes talents de scribe.

En effet, il s'était promené vingt minutes à peine dans la salle des Pas-Perdus, qu'un avoué l'engagea comme petit clerc, sur sa bonne mine et sur ses longues jambes, aux appointements de trente francs par mois.

Seulement Bocage, une fois installé dans son poste, apprit qu'il aurait beaucoup plus à s'exercer du jarret que de la plume.

Le petit clerc son prédécesseur était mort d'une fluxion de poitrine, gagnée à faire les courses de l'étude.

Un autre point obligatoire de l'emploi était d'aller, chaque matin, acheter le déjeuner de messieurs les clercs supérieurs, qui dévoraient outrageusement sous ses regards des biftecks de premier choix ou de fines côtelettes, sans lui offrir autre chose que la croûte frugale octroyée par le patron.

Bocage, orgueilleux comme un hidalgo,

déplorait surtout la nécessité cruelle où il était de servir le second clerc, grand benêt, pourvu d'un nez pyramidal, d'un regard louche et d'une insolence extrême.

Ce second clerc devint sa bête noire.

Tout en lui prodiguant des marques de déférence, il lui jouait les plus abominables tours.

Ainsi, par exemple, il avait soin de lui acheter son déjeuner dans un gargot infect, tandis qu'il demandait celui des autres à quelque restaurant confortable.

Son ennemi détestait l'ail.

Par ordre de Bocage, tous les plats en étaient infectés. Il le traitait en vrai fils de la Cannebière.

Dans cette lutte du lion et du moucheron, l'insecte fut vainqueur, absolument comme dans la Fontaine, et l'infortuné second clerc, menacé d'une gastrite, donna sa démission.

Pierre-Martinien, le jour de son départ, passa d'emblée cinquième clerc.

C'était une position plus relevée sans doute; mais elle comportait infiniment plus de travail, sans augmentation d'honoraires. Il fallait être au bureau dès huit heures du matin, ne sortir que pour dîner, et revenir ensuite griffonner sur timbre jusqu'à dix heures du soir.

Mais notre fin Normand ne se plaignait pas.

Il méditait une échappée ambitieuse, et voulait seulement, par un apprentissage de trois mois, se familiariser avec le style de la procédure, pour aller frapper à la porte du greffe, où les malheureux scribes ne sont pas réduits à l'état de matière exploitable, comme chez les avoués, hauts et puissants seigneurs de par le privilége et le monopole.

On n'ignore pas que ces messieurs achètent leur charge trois ou quatre cent mille francs, réussissent à la payer au bout de cinq ou six années au plus, la revendent avec bénéfice et deviennent millionnaires. Il suffit pour cela de trouver sept à huit Bocage, d'en faire autant de machines à plume piteusement rétribuées, et de compter dix francs au consommateur ce qui coûte cinq centimes.

La recette est fort simple.

Notre héros, après avoir déserté l'étude, entra au conseil de guerre en qualité de commis greffier, et à raison de quarante écus par mois.

De plus, il avait toutes ses soirées libres, et pouvait continuer ses chères études dramatiques.

Ceux qui suivaient, à cette époque, les représentations de la Gaîté, de l'Ambigu et des autres théâtres populaires, doivent garder mémoire de certain pantalon jaune-d'œuf, surmonté d'un habit bleu barbeau à boutons de similor et d'un feutre gris, le tout composant le costume de Pierre-Martinien Bocage, qui, chaque soir, deux heures avant l'ouverture, accourait prendre la queue en tête.

Notre commis greffier se logeait très-mal et mangeait très-peu, afin de trouver au bout du mois les trente ou quarante francs, destinés à satisfaire sa passion dominante.

Il ne tarda pas à connaître une foule de cabotins et d'auteurs dramatiques du quatrième ordre, avec lesquels il se lia d'une façon très-intime, et qui lui obtinrent, les uns son entrée dans les coulisses, les autres des billets non payants.

De cette façon, Bocage put réaliser de fortes économies et aller s'asseoir au moins trois fois la semaine au parterre du Théâtre-Français.

A minuit, rentré dans sa mansarde et la tête exaltée par ce qu'il avait vu, notre héros déclamait à haute voix du Molière, du Corneille, du Racine, et même du mélodrame moderne. Il s'était réconcilié avec Guilbert de Pixérécourt.

Les éclats de voix et le bruit de sa marche, à cette heure nocturne, — car il arpentait, en déclamant, la superficie étroite de son gîte, — empêchaient tous les voisins de dormir.

On s'en plaignit au portier d'abord, puis au propriétaire.

Mais cet intrigant de Bocage, qui s'insinuait de plus en plus chaque jour dans l'intimité des coulisses, obtenait des stalles de galerie, voire des coupons de loges, au moyen desquels il séduisait M. Prud'homme, après avoir préalablement séduit Pipelet par des places inférieures.

— C'est un artiste dramatique en herbe; on n'a pas le droit de mettre obstacle à ses études ! répondait solennellement le propriétaire à ceux qui lui adressaient des plaintes.

Une adorable petite fleuriste, sémillante et matoise, habitait une mansarde contiguë à celle de Pierre-Martinien. Par conséquent, elle souffrait plus que personne du voisinage. Vingt fois les *Fureurs d'Oreste* l'avaient réveillée en sursaut.

— Il se taira, dit-elle aux autres locataires, et nous dormirons.

— Mais quel moyen emploierez-vous pour le réduire au silence ?

— Rien de plus simple : je vais le rendre amoureux.

Aussitôt fait que dit.

Bocage ne pouvait plus sortir de sa chambre sans rencontrer sur le palier mademoiselle Élisa, dont les grands yeux noirs, pleins de langueur, se levaient timidement sur lui et semblaient provoquer un entretien.

Les rôles de jeunes premiers, auxquels Pierre s'attachait de préférence, le prédisposaient singulièrement aux rêves les plus enthousiastes de l'amour.

— Ah! mademoiselle, vos yeux sont charmants! dit-il un soir à la jeune fleuriste.

— Ils seraient bien plus beaux, monsieur, si vous consentiez à ne plus les priver de sommeil, dit la grisette en décochant à Bocage le plus assassin des sourires.

— Vraiment?... je trouble votre repos?... Mais je suis un monstre! s'écria Pierre.

— Si vous me promettez de ne plus déclamer la nuit, vous serez bien aimable, dit mademoiselle Élisa.

— Je vous le promets, je vous le jure !

— Alors, monsieur, je vous récompenserai peut-être en vous permettant de m'offrir de temps à autre un billet de spectacle.

— Oh! vous êtes un ange! Ma vie tout entière, mes billets et mon cœur sont à vous!

Et Pierre-Martinien tombait aux pieds de sa voisine.

— Un peu moins de promptitude, monsieur; ne vous échauffez pas si fort, dit la grisette en le relevant avec beaucoup de gravité. Va pour les billets, mais laissons le cœur, je vous prie.

Toutefois, elle accepta, le même soir,

une bouteille de cidre et deux litres de marrons.

Le lendemain, le pantalon jaune-d'œuf et l'habit barbeau se prélassaient à l'Ambigu, à côté d'une gentille capote de crêpe blanc, semée de bluets.

Cette capote ombrageait le minois mutin de mademoiselle Élisa.

— J'ai fort bien dormi la nuit dernière, dit-elle à Bocage; mais je n'entends pas, monsieur, que vous abandonniez entièrement vos études.

— Il y a pour cela, répondit-il, un arrangement tout naturel à conclure. Combien gagnez-vous par jour à faire des violettes de Parme et des boutons de fleurs d'oranger?

— Cinquante sous; mais il faut que je

travaille sans relâche et que je ne perde pas une minute.

— Miséricorde ! cria Pierre, cinquante sous ! avec des yeux qui brillent comme des étoiles, avec une taille de cette finesse, avec un sourire à damner les chérubins !

— Et puis ? fit la grisette.

— Chère enfant, il faut vous mettre au théâtre. Vous gagnerez dix fois plus, et nous étudierons ensemble.

— Non, certes, dit-elle. Je reste avec mes fleurs. Rappelez-vous que j'ai fait votre connaissance pour dormir en repos ; et je serais obligée de prendre sur mon sommeil si je voulais étudier avec vous.

— Quel dommage ! vous deviendriez une jeune première ravissante !

— C'est possible, et je deviendrais

aussi une gourgandine, comme toutes vos actrices.

— Elle n'a pas tort, pensa Pierre. Je suis un scélérat de vouloir jeter cet ange d'innocence dans le gouffre de la perdition.

— Vous n'avez plus le droit, reprit la grisette, de déclamer dans votre mansarde. Je m'y oppose. Mais, deux fois la semaine, le mercredi et le samedi, je vous dispenserai de m'accompagner au spectacle, et vous irez vous livrer à la déclamation dans quelque promenade solitaire, hors Paris, sur les buttes Montmartre, où bon vous semblera. Les voisins n'auront plus à se plaindre, et votre avenir d'artiste ne souffrira pas de notre amitié... car c'est de l'amitié que nous avons l'un pour l'autre, rien de plus, monsieur; ne l'oubliez pas.

— O cruelle enfant! dit Bocage, laissez-moi l'espérance, ou je meurs!

Il était amoureux à lier.

Mais la jeune fille, tout en acceptant du cidre, des marrons et le bras de son voisin pour aller au spectacle, continuait à se montrer d'une rigueur extrême sur le chapitre de la passion.

Pierre-Martinien, rentrant de son bureau, le mercredi et le samedi, prenait à la hâte un peu de nourriture, et s'en allait sur les buttes Montmartre jeter aux vents du soir ses rôles et ses soupirs.

Il ne s'était pas demandé pourquoi la grisette lui avait choisi, pour ses études, ces deux jours de la semaine de préférence aux autres.

On dormait admirablement dans le voi-

sinage, et tout alla pour le mieux jusqu'à
certain mercredi fatal, où Bocage, revenant plus tôt que de coutume, aperçut mademoiselle Élisa donnant un baiser fort
tendre sur le palier à un magnifique sergent de la garde royale.

C'était pour recevoir plus à l'aise les
visites de ce beau soldat qu'on l'expédiait,
lui, Pierre-Martinien, aux buttes Montmartre.

Enfer et rage!

Peu s'en fallut que notre élève dramatique ne fît de la tragédie en action.

Mademoiselle Élisa lui partit au nez d'un
éclat de rire sonore, quand, blême de jalousie et de fureur, il s'exhala devant elle
en reproches amers.

— J'ai joué la comédie le jour, monsieur,

lui dit-elle, afin de vous empêcher de la jouer la nuit. Vous comprenez?... c'était un cas de légitime défense. Au moyen de cette ruse, j'ai pu dormir et achever le terme. Demain je déménage. Il vous sera permis de déclamer à votre aise les *Fureurs d'Oreste*, et de conduire au théâtre, avec votre pantalon jaune-d'œuf, quelque jeune personne plus sensible... Je suis votre servante !

Elle ferma sa porte.

Pierre eut envie de se briser la tête au mur.

Néanmoins, réfléchissant qu'il valait mieux se jeter par la fenêtre de sa mansarde, il rentra chez lui pour accomplir cette funeste résolution; mais, sur le point de se lancer dans l'éternité du haut d'un sixième étage, l'idée d'un autre mode de suicide lui traversa l'esprit. Il résolut d'attendre au lendemain pour aller se précipiter dans la Seine, une pierre au cou.

Le lendemain arrive.

Or, juste au moment où notre héros s'apprête à monter sur le parapet du pont Royal, il songe qu'il y a précisément, ce jour-là même, au Conservatoire, un concours de déclamation.

— Si je pouvais être reçu pensionnaire ! se dit-il. Allons, courage ! devenons un grand artiste, et vengeons-nous ainsi de la perfide. Je veux la faire expirer de honte et de dépit devant ma gloire !

Il prend le chemin de la rue Poissonnière.

Quelques-uns de ses amis du théâtre, se

trouvant là fort à propos, lui aplanissent les difficultés d'une inscription tardive. On l'admet au concours.

Hélas ! soit que les terribles émotions du soir précédent l'eussent bouleversé de fond en comble, soit que le pantalon jaune-d'œuf et l'habit barbeau causassent aux professeurs une distraction fatale à son talent, Bocage fut repoussé net et n'eut pas une seule voix pour lui.

Grâce au ciel, mon malheur passe mon espérance !...

Il acheva la sombre tirade en prenant le chemin du greffe, dont les bureaux étaient situés rue du Cherche-Midi.

Décidément il renonçait au suicide, illuminé sans doute par un rayon de son étoile qui lui montrait en perspective cette gloire future, au-devant de laquelle il résolut de marcher quand même, pour confondre l'injustice des hommes et donner à mademoiselle Élisa le regret de sa perfidie.

Les marrons et le cidre absorbés par la grisette jetaient, depuis un mois, beaucoup de perturbation dans les finances de Bocage.

Il tourna par le pont Neuf, afin d'économiser les cinq centimes que réclamait l'invalide du pont des Arts.

Car notre héros, il faut lui rendre justice, a toujours été fort parcimonieux.

Se trouvant plus tard en face d'une riche subvention, comme directeur du second Théâtre-Français, il trouva moyen, par une multitude d'économies fort bien entendues sur les décors, sur les appointements de ses artistes, sur les frais de luminaire et de pompiers, de mettre dans sa poche cette subvention presque tout entière et d'amasser de la sorte une quinzaine de mille livres de rente, avec lesquelles il se console aujourd'hui de l'impertinence de la nation, qui ne l'a pas nommé premier consul.

Nous reviendrons sur ces histoires.

Bocage se préparait donc à rentrer au bureau de la rue du Cherche-Midi, déplorant la nécessité de vivre de son abrutissant métier de scribe, quand tout à coup une affiche de Bobino frappe ses regards.

— Eh! qu'importe le premier échelon, s'écrie-t-il, quand on arrive au haut de l'échelle?

Au lieu de continuer sa route vers le greffe, il prend la rue du Vieux-Colombier, tourne par la rue Cassette, et va frapper à la porte du théâtre du Luxembourg.

Le directeur était dans son cabinet, seul, adossé à la cheminée, la main droite dans l'ouverture de son habit; le front haut et l'œil orgueilleux, comme doit être, en accordant audience, tout personnage convaincu de la supériorité de sa situation.

— Qui êtes-vous, monsieur? que me voulez-vous? demanda-t-il à l'arrivant.

— Je désire m'engager dans la troupe dont vous avez la direction, répondit Bocage.

— Ah!... pour quels rôles?

— Pour l'emploi des jeunes premiers.

— Diable! Est-ce que vous portez à la scène le même costume qu'à la ville?

Son regard tombait ironiquement sur le

malencontreux pantalon du visiteur. Bocage fit un soubresaut d'orgueil outragé.

— Le talent d'un homme, dit-il, ne se juge pas à la couleur de ses habits.

— Pardon, mille pardons! Chez un jeune premier, le goût dans la toilette est de rigueur. Nous avons ici Auguste, un garçon charmant, dont ces dames du faubourg Saint-Germain raffolent; je vous proteste que l'idée ne lui est jamais venue de mettre un pantalon jaune.

— Avez-vous l'intention de m'insulter? cria Bocage avec un accent de menace.

— Non; mais je vous conseille de changer de tailleur, de parler moins haut, et de prendre la porte.

— Monsieur!

— Plus vite, mon cher, plus vite que

ça! fit le directeur, homme robuste, taillé en Hercule.

Ses larges mains, s'appuyant aux épaules de Bocage, le poussèrent brutalement dehors.

C'était, en vérité, trop de guignon. Pierre-Martinien rentra chez lui, brûlé de colère et de fièvre. Il fut, pendant quelques semaines, sérieusement malade, et quand la nature, plutôt que le médecin, l'eut remis sur pied, sa place au greffe du conseil de guerre était donnée à un autre.

Longtemps on prétendit qu'il s'était fait garçon épicier.

Rien de plus faux que cette assertion.

Jamais l'illustre Buridan de la *Tour de Nesle* n'eut rien de commun avec la cassonade. Ce fut un de ses frères, et non lui, qui chercha dans les denrées coloniales une position que, du reste, il a conquise.

A l'heure où nous écrivons, cet honorable détaillant a fait fortune.

Son fils, Paul Bocage, continue l'épicerie en littérature, et M. Alexandre Dumas lui achète ligne à ligne, page à page, au poids et contre écus sonnants, la mélasse de son intelligence et le poivre de son esprit.

Revenons au grand acteur.

Chassé du théâtre Bobino, il ne juge pas convenable de s'adresser à d'autres directeurs de Paris.

Nous le voyons s'engager dans une troupe nomade.

Six années durant, il court la province

et y obtient de médiocres succès. Le public le trouve gauche, mal planté, disgracieux. On l'applaudit rarement, on le siffle quelquefois. « Mais, pour le vrai comédien, dit Grassot, les sifflets sont autant de coups d'éperons. Plus ils sont aigus, mieux il marche. »

En 1825, Bocage sollicite à l'Odéon ses débuts. Ils lui sont accordés.

L'Odéon, de tout temps, a été le refuge du malheur.

Admis à végéter dans les troisièmes rôles, notre comédien cherche vainement à donner de l'importance à des créations beaucoup trop nulles pour servir même de prétexte à ses efforts et ne pas imprimer à son jeu le cachet du ridicule et de l'exagération.

Voici ce que disait de lui, en 1827, une biographie dramatique :

« C'est le plus intrépide brûleur de planches de la capitale, la plus médiocre des médiocrités, le plus grand distributeur de gestes qui soit au monde. »

Bocage habitait alors rue des Boucheries-Saint-Germain, n° 11.

Il était un des habitués fidèles du café du Luxembourg, aujourd'hui café Tabourey. Madame Aubé, propriétaire de cet établissement, prisait beaucoup les vertus et l'amabilité du jeune comédien.

Celui-ci rendait à la limonadière estime pour estime.

L'image de mademoiselle Élisa, la fleuriste, était complétement effacée de son cœur, et dans sa garde-robe il n'y avait plus le moindre pantalon jaune-d'œuf.

Au café du Luxembourg se rassemblaient beaucoup d'artistes et de gens de lettres.

Dans le nombre, il faut citer Horace Raisson, qui se vanta, depuis, d'avoir été le collaborateur de Balzac; Rey-Dusseuil, Gustave Planche, les trois frères Hugo, Dovalle, Charles Rabou et son ami Régnier-Destourbets, qui mourut à vingt-cinq ans, après avoir fait un chef-d'œuvre pour la Porte-Saint-Martin.

Mais la physionomie la plus curieuse était sans contredit celle d'un ecclésiastique, aumônier d'un régiment de la garde, qui venait là tous les soirs, en redingote brune, en bottes à éperons, et la cravache à la main.

Phraseur intrépide, haussant le coude à merveille, l'abbé ne reculait ni devant les discussions ni devant une douzaine de petits verres.

Bocage, plus encyclopédiste que Diderot, plus incrédule que le baron d'Holbach et plus impie que l'auteur des *Lettres philosophiques*, le harcelait toujours sur quelque point religieux.

Un soir, il lui proposa de jouer la divinité du Christ en vingt points au billard.

— Monsieur Bocage, lui répondit l'aumônier, me prenez-vous, par hasard, pour un de vos confrères ?

Le comédien resta bouche close.

Il aurait eu beau jeu pour la riposte s'il eût pu jeter l'œil dans l'avenir à trois ans.

de distance. L'ecclésiastique à éperons était l'abbé Châtel.

Déjà le romantisme commençait à lever le drapeau de la révolte. Ses débuts furent signalés par des exagérations de tout genre, surtout au théâtre. Il se trouva, par le fait même, que les défauts du jeu de Bocage se métamorphosèrent en qualités. On remarqua chez ce brûleur de planches une expression de physionomie victorieuse, de magnifiques élans et beaucoup de cœur.

Applaudi dans l'*Homme du monde* [1], Bocage voit s'opérer dans son talent une sorte de transfiguration.

Le premier signe de bienveillance des

---

[1] Pièce de M. Ancelot.

spectateurs, en mettant son orgueil à l'aise, enleva de ses manières ce qu'on y trouvait de disgracieux, et le laissa développer toutes les ressources qu'il tenait de la nature et de l'étude. On se plut à lui reconnaître une grande sensibilité, beaucoup d'énergie et de passion.

Bocage, à la scène comme à la ville, sut aimer, frémir et pleurer. L'enthousiasme ne connut plus de bornes.

Une direction du boulevard lui propose un engagement superbe. Il accepte, quitte les parages d'outre-Seine et transporte ses dieux lares rue de Lancry, n° 35.

Le rôle de Wilfrid, dans *Newgate*[1], et celui du sergent Hubert, dans *Napoléon*

[1] Drame joué à la Gaîté.

BOCAGE 55

à *Schœnbrunn*[1], lui obtiennent d'énergiques bravos. Il est proclamé le premier acteur romantique du siècle.

Il en était aussi le républicain par excellence. Peste! n'oublions pas ce précieux détail de son histoire.

Bocage avait contribué, pour une part énorme, à la chute de la branche légitime; Bocage avait élevé de sa noble main les barricades de Juillet; Bocage avait fait le coup de feu contre la garde royale; Bocage voulait la République, et ce vieux la Fayette avait eu l'audace de la renvoyer aux calendes grecques... Jugez de l'indignation de Bocage!

En tous lieux, sans retenue, sans gêne

[1] Pièce d'Alexandre-Dumas à la Porte-Saint-Martin. Bocage, à ce théâtre, débuta par le rôle du vieux curé dans l'*Incendiaire*.

et sans peur, il laissait éclater la tempête de sa rancune.

Un jour où l'émeute grondait sur le boulevard pour fêter l'anniversaire de la prise de la Bastille, notre homme juge à propos de faire un appel aux armes dans un groupe d'individus, qui semblent prêter une oreille sympathique à son éloquence.

Mais, avant la fin du discours, quinze bras vigoureux empoignent l'orateur et l'emmènent au dépôt de la préfecture.

Son auditoire était exclusivement composé de sergents de ville en bourgeois.

Vous croyez peut-être que le prisonnier se repent de sa conduite? Pas le moins du monde. Il ne donne aucun signe d'affliction; son œil brille, sa figure est radieuse; il semble extrêmement satisfait d'être sous les verrous.

— Ah! Louis-Philippe! majesté d'enfer! s'écrie-t-il, tu as l'audace d'emprisonner le citoyen Bocage, là, tout simplement, comme s'il s'agissait du premier venu... Corbleu! tu ne sais guère à quoi tu t'exposes!

Il rédige sans plus de retard une protestation fulgurante, l'envoie au *National* et à la *Tribune*, puis se frotte les mains, persuadé que le gouvernement ne tiendra pas deux jours.

Sa lettre, — beaucoup de nos lecteurs doivent se le rappeler encore, — obtint dans tout Paris un succès de fou rire.

Harel n'eut qu'à la mettre sous l'œil du ministre, avec une légère oscillation d'épaules et en se frappant le front, pour obtenir la mise en liberté immédiate du républicain captif.

On répétait *Antony*.

Cette pièce, insolemment immorale, ne tarda pas, en l'absence de toute censure, à montrer palpitants sous la rampe la débauche et l'adultère. Elle trouva de cyniques spectateurs pour l'applaudir, et, pour en accroître le triomphe, une presse plus cynique encore.

A la fin du cinquième acte, Dumas embrassa le bourreau d'Adèle Hervay avec une effusion tendre.

— Oh! mon ami, s'écria-t-il, que vous l'avez bien assassinée!

Nombre de journalistes élevèrent Bocage sur le pavois; ils le proclamèrent le plus intelligent, le plus magnifique, le plus passionné de tous les amoureux de théâtre.

On déclara qu'il était impossible d'être beau sans ressembler à Bocage dans *Antony*.

Les salons furent encombrés soudain par une foule de jeunes hommes à la figure blême, aux sourcils épais, à la charpente osseuse, aux longs cheveux noirs, à l'œil voilé sous un lorgnon d'écaille.

C'étaient les séides du grand acteur Bocage.

Et, comme on avait le bonheur de vivre en l'an de grâce 1831, *le temps du long espoir et des vastes pensées*, disait le poëte; comme on ne faisait rien froidement, comme on poussait tout jusqu'à l'enthousiasme, ces messieurs entreprirent de démontrer que Bocage était la plus noble et la plus exacte personnification de l'art.

— Quelle sottise! criaient d'autres critiques. Il n'articule seulement pas les mots. Ses gestes sont des contorsions; ses jeux de physionomie des grimaces; il est affecté, prétentieux, et, chose intolérable, il parle du nez[1]!

Ce dernier point d'accusation n'était que trop facile à établir.

Bocage doit son mauvais organe à un accident de jeunesse. Il se brisa, vers l'âge de douze ans, les parties cartilagineuses du nez, ce qui donne à sa voix

[1] On connaît le mot de Lireux : « Bocage est un rhume de cerveau de Frédérick Lemaître. »

des intonations séniles et blessantes pour l'oreille.

Le grand comédien connaît son malheur.

Parfois il le déplore dans le secret de la famille, — car le citoyen Bocage est marié, n'oublions pas de le dire.

Se livrant, un jour, à la plus douce jouissance que puisse éprouver le cœur d'un père, il faisait enrager sa fille, très-jeune encore, lui portant une praline aux lèvres et disant :

— Marie, ouvrez la bouche !

L'enfant s'empresse d'obéir; mais, retirant aussitôt l'objet de sa convoitise, Bocage ajoute pour lui former l'esprit et le cœur :

— Entre voir et avoir, ma chère...

Un silence. Au bout de sept à huit secondes, il montre de nouveau la praline.

— Marie, ouvrez la bouche!

— Oui, papa, dit la petite fille.

Pour la seconde fois, le bonbon fugitif trompe ses dents impatientes, et le père de murmurer sur un ton sentencieux :

— Entre la coupe et les lèvres, mon ange....

Nouveau silence.

— Marie, ouvrez la bouche!

— Oui, papa.

— Entre les yeux et la bouche, mon enfant...

— Il y a le nez, papa! s'écrie-t-elle.

— Hélas! oui, murmura le pauvre homme, lâchant la praline et poussant un soupir : qui le sait mieux que moi?

La critique la plus malveillante était néanmoins obligée de rendre justice à Bocage pour le soin prodigieux qu'il apportait à la composition de ses rôles. Il en saisissait les moindres détails, les plus délicates nuances. Personne mieux que lui ne donnait à un caractère du relief et de la couleur. Il exprimait avec beaucoup de force et de vérité la résignation, le désespoir, le dévouement et l'amour.

Didier de *Marion Delorme* et Buridan de la *Tour de Nesle* achèvent sa réputation au boulevard.

A partir de ces deux succès immenses, notre héros se croit le premier personnage du royaume. On est très-mal reçu quand on l'aborde autrement que l'éloge à la bouche et l'admiration dans le regard. Il est toujours prêt à accueillir les plus extravagantes ovations, à prendre pour lui les hommages les plus invraisemblables.

Vers la fin de 1832, nous le trouvons en chaise de poste sur la grande route, à deux lieues de Lyon.

Harel, son directeur, lui a permis de montrer à la province un spécimen du beau talent que Paris admire.

Du fond de sa chaise, Bocage aperçoit une foule de campagnard alignés à droite et à gauche au bord de chaque berge. On tend les bras vers sa voiture, on agite des mouchoirs et des cris s'élèvent:

— Ah! fort bien! dit le voyageur, ils sont accourus à ma rencontre... Bonnes gens!... Adressons-leur une petite harangue.

Par son ordre, les chevaux s'arrêtent.

Il voit aussitôt la foule se mettre à genoux, et ne trouve rien d'étrange à ces marques de vénération prodiguées à sa personne.

— Eh ! fichus bêtes ! crie le postillon, ce n'est pas monseigneur, c'est un comédien !

Les paysans se relèvent tout furieux, ramassent des cailloux et les lancent contre la chaise de poste. Ils l'avaient prise pour celle de l'archevêque, alors en tournée dans le diocèse et attendu sur la même route.

Déjà grand ennemi du clergé, Bocage, après cette aventure humiliante, le devint beaucoup plus encore.

Si jamais on l'élève au rang de premier consul, comme il s'en juge parfaitement digne, il est probable que la religion catholique cessera d'être la religion de l'État; ou que le Panthéon, tout au moins, sera restitué à M. de Voltaire.

Le citoyen Bocage vit dans l'attente de ces heureux jours.

A l'Odéon, jadis, il avait joué *Tartufe*. Pour humilier les dévots, qui s'agenouillent devant un archevêque et jettent des pierres à un grand artiste, il veut, à son retour de Lyon, reprendre ce rôle à la Porte-Saint-Martin.

Ses admirateurs crient au prodige. On affirme que la place de Bocage est à la Comédie-Française.

Beaucoup de sociétaires s'opposent à son admission; mais on triomphe des obstacles, et Buridan fait son entrée triomphale dans la maison de Molière. Il débute par le rôle de Danville de l'*École des*

Vieillards, et bientôt il aborde celui d'Alceste du *Misanthrope*, qu'il joue avec une originalité parfaite, avec une âcreté saisissante.

Il avait, à cette époque, un démêlé judiciaire où de graves intérêts d'argent se trouvaient engagés.

Apercevant, un soir, dans une stalle d'orchestre, sa partie adverse, à laquelle il portait une véritable haine de Normand plaideur, il s'approche de la rampe, regarde son ennemi bien en face, lui montre le poing, et lui lance à la tête, avec un magnifique accent de colère et de mépris, cette tirade du *Misanthrope* :

Au travers de son masque on voit à plein le traître ;
Partout il est connu pour tout ce qu'il peut être,
Et ses roulements d'yeux et son ton radouci
N'imposent qu'à des gens qui ne sont point d'ici.

Nous devons dire que le personnage de

l'orchestre était d'une probité douteuse. Rompu aux manéges de la chicane, il menaçait le comédien de toutes les juridictions possibles.

Bocage eut le chagrin de quitter la scène française.

Peu conciliant de sa nature, il ne s'entendit point avec ses nouveaux camarades et regagna le boulevard[1]. Quatre rôles magnifiques, dans *Angèle*, — la *Vénitienne*, — *Pinto*, — le *Brigand et le Philosophe*, le consolèrent et lui valurent de justes applaudissements.

De 1835 à 1839, Bocage ne tient pas en place.

Il quitte la Porte-Saint-Martin pour

[1] Il s'arrêta quinze jours au théâtre Feydeau, qui avait eu la fantaisie de représenter *Teresa*, drame de M. Anicet Bourgeois, signé Alexandre Dumas. Bocage y remplit le rôle du colonel Delaunay.

jouer à l'Ambigu *Ango de Dieppe*, drame de Félix Pyat et d'Auguste Luchet. Puis il revient chez Harel se montrer dans *Don Juan de Marana*, dans *Antoine le pauvre* et dans les *Sept Infants de Lara*. Le Gymnase l'appelle; il court au Gymnase, et palpe les écus de Poirson, qui ne tarde pas à le voir s'enfuir pour regagner l'Ambigu. Bocage y joue *Christophe le Suédois*, puis retourne chez Harel, qui lui offre le rôle de *Jeannic le Breton*.

Le Juif Errant, devenu comédien, n'eût pas fourni les marques d'une instabilité plus grande.

Harel tombe.

Une seconde fois, Buridan frappe à la porte de la Comédie-Française, y donne une série de représentations, ne réussit pas encore à y fixer sa tente, et va s'engager définitivement à l'Odéon, théâtre de ses premières luttes et de ses premiers triomphes.

La jeunesse des écoles avait gardé le souvenir de sa fougue incorrecte et de sa vigueur.

On l'accueillit à merveille dans Brute de *Lucrèce*, dans Créon d'*Antigone*, dans Philippe-Auguste d'*Agnès de Méranie*, et les étudiants lui pardonnèrent de laisser tomber le drapeau romantique pour arborer l'étendard de l'école du bon sens.

Au mois de juillet 1845, Liréux, ayant quarante-sept pièces à représenter par autorité de justice, et ne sachant plus où donner de la tête, se démit de son pachalik de l'Odéon.

Trente concurrents se disputèrent l'héritage.

Notre comédien fut le plus habile. On le nomma directeur, avec une subvention de soixante mille francs, qu'il fit porter, douze mois après, à la somme plus ronde de cent mille.

Sans avoir le secret de la magicienne antique, Bocage sut rajeunir le vieil Éson.

Sa carrière administrative fut intelligente, heureuse, et surtout économe.

Il est permis, dans une direction théâtrale, d'équilibrer les recettes et les dépenses de manière à garnir sa bourse; mais, d'autre part, il est bon que les artistes vivent, et la troupe de notre homme connut toutes les rigueurs du jeûne.

— Mes amis, je vous ouvre le chemin de la gloire, disait Bocage.

Quant au chemin du restaurant, ceci ne le concernait plus.

Il payait avec régularité les honoraires de vingt artistes; mais quels honoraires, miséricorde! Jeunes premiers, pères nobles, ingénues, grandes coquettes, maigrissaient à vue d'œil, et le fin directeur portait chez son notaire la subvention parfaitement intacte![1]

S'il était dans son droit, nous sommes dans le nôtre en affirmant qu'un bon républicain devait témoigner moins d'ardeur pour la richesse et suivre plus fidèlement les doctrines de la fraternité.

C'est à Bocage qu'on doit cette invention merveilleuse d'avoir transformé en muséum le foyer du théâtre.

---

[1] Cent francs par mois étaient le maximum accordé par M. Bocage à ses premiers acteurs. Quant aux actrices, il ne leur donnait rien. « — Je ne payerai que les laides ! » dit-il, machiavéliquement, un soir, pour couper court à toutes réclamations. Aucune de ces dames ne demanda plus d'honoraires.

Un peu d'entente industrielle ne gâte rien.

Quelques maîtres illustres lui envoyèrent des tableaux, et Théophile Gautier lui promit une madone, qui n'eut jamais son dernier glacis. Un cadre somptueux présenta dix-huit mois, en majuscules énormes, le nom du feuilletoniste chevelu, dont cette annonce ne stimula point la paresse.

Gautier laissa le cadre vide, et perdit une occasion superbe d'accoler un de ses chefs-d'œuvre en peinture à ceux de Decamps et de Diaz.

En 1847, Bocage résigna ses fonctions administratives [1]. Son plus grand succès avait été la *Main droite et la main gau-*

---

[1] Il vendit son privilège cent mille francs à M. Vizentini.

che de Léon Gozlan. L'année suivante, il essaya de nouveau d'emporter la position de sociétaire à la Comédie-Française. Il y créa la *Vieillesse de Richelieu;* mais le sentiment trop exagéré de sa valeur suscita des querelles et des contradictions qui l'obligèrent une troisième fois à faire retraite.

La Révolution de février venait de jeter bas Louis-Philippe et son trône.

Bocage, dans la soirée du 24, avait eu le dessein de monter à cheval et de se montrer au peuple. On eut beaucoup de peine à l'en dissuader.

— Pure jalousie! pensa-t-il. Tous ces hommes du *National* ne m'empêcheront point de consacrer ma vaste intelligence au service de la République.

Il va trouver Lamartine, et lui dit :

BOCAGE. 75

— Croyez-vous qu'il soit de mon devoir de me présenter, pour la Constituante, aux suffrages de mes concitoyens ?

— Parbleu ! répond le chantre d'*Elvire*.

Notre héros prend le chemin de fer et va poser noblement sa candidature dans la Seine-Inférieure [1]. Il n'obtient pas deux cents votes.

---

[1] Il avait essayé de la poser d'abord à Paris, et Lamartine eut la faiblesse de lui servir de compère. Voici l'affiche que chacun, à cette époque, a pu lire dans les carrefours :

LE CITOYEN BOCAGE

ARTISTE DRAMATIQUE

AU CITOYEN LAMARTINE,

MEMBRE DU GOUVERNEMENT PROVISOIRE.

« Cher et illustre citoyen,

« Mon nom est réellement porté sur les listes électorales. Des clubs, des assemblées préparatoires, me

Indigné de cet échec, il secoue aux portes de Rouen, son ingrate patrie, la poudre de ses bottes, laisse reposer jus-

demandent, selon l'usage, une profession de foi. Vous savez que je suis prêt à donner ma vie pour la République; cela ne suffit pas pour entrer à l'Assemblée nationale. J'ai beaucoup lu, beaucoup vu, mais je n'ai pas assez approfondi les grandes questions qui vont être agitées. Vous le savez aussi, jusqu'à dix-huit ans j'ai été ouvrier tisserand à Rouen, ma ville natale. A cet âge seulement je suis sorti des ateliers, et, pour ma nouvelle profession, pour l'art si difficile du théâtre, j'ai, selon mes forces, étudié le cœur humain. Ce livre-là prenait tout mon temps.

« Vous me connaissez peut-être mieux que je ne me connais moi-même. Croyez-vous que mon énergie, mon simple bon sens, une probité bien éprouvée, une volonté ferme d'appliquer maintenant toutes mes facultés, toutes mes heures, à l'étude de la science politique et sociale, puissent être utiles, au sein de la Constituante, à cette République que j'ai tant désirée? Votre décision sera ma règle. Si vous dites oui, fort de cette approbation, j'accepterai celle du pays; sinon je continuerai à suivre la République dans le silence de mon obscurité.

« Respect et dévouement.

« BOCAGE. »

qu'à nouvel ordre l'espoir des dignités républicaines que lui promet son étoile, et

RÉPONSE DU CITOYEN LAMARTINE.

« Sans l'ombre d'hésitation, mon cher Bocage, je vous réponds : Oui, il faut accepter. La France a besoin de tous les cœurs, la République de toutes les intelligences, le peuple de tous les dévouements et de tous les patriotismes. A tant de titres, je souhaite que le pays vous envoie, et vous trouverez un ami pour vous accueillir.

« LAMARTINE. »

AUX CITOYENS ÉLECTEURS
DU DÉPARTEMENT DE LA SEINE.

« Citoyens,

« J'accepte la candidature qui m'a été offerte, et j'ose vous demander vos suffrages. Je répondrai à toutes les interpellations que vous me ferez l'honneur de m'adresser; je vous dirai ma vie privée et publique; je vous donnerai toutes les preuves (vous devez toujours les exiger), et vous jugerez si le passé peut répondre de l'avenir.

« Salut et fraternité.

« BOCAGE. »
« 49 bis, rue de Madame. »

retournie à la direction de l'Odéon, comme Dioclétien à ses laitues.

Ce fut alors qu'il écrivit à Frédérick Lemaître :

« Cher ami,

« Je voudrais avoir un trône à vous offrir ; je n'ai que la scène du second Théâtre-Français : venez, vous y serez roi.

« Bocage. »

Frédérick lui envoya cette réponse narquoise :

« Citoyen,

« Il est vrai que je compte dans ma carrière dramatique deux ou trois rôles qui m'ont valu quelques applaudissements, mais celui de tous que je préfère, en raison même de son succès, vous me l'enlevez ! Vous savez bien que je suis lié avec MM. Cogniard frères.

« Salut et fraternité,

« Frédérick Lemaître. »

Le rôle auquel faisait allusion Frédérick était celui de Ruy Blas, que Bocage avait joué, l'année précédente, à la Porte-Saint-Martin.

Repoussé avec perte par le Kean français, notre directeur mit à l'étude *François le Champi*, pièce de la citoyenne Sand, où le socialisme, parlant tour à tour le langage de Théocrite et de saint Vincent de Paul, amenait cette conclusion triomphante :

« Se dissout et tombe en ruines dans la société tout ce qui n'est pas meunier, menuisier, domestique, adultérin ou bâtard. »

Le succès du *Champi* fit presque oublier les fameux bulletins que la citoyenne susdite avait rédigés pour le Provisoire. Madame Sand publia son drame, avec une préface à son *ami* Bocage. Tous les interprètes de l'œuvre y étaient proclamés comédiens éminents, jusqu'à mademoiselle Volnays; mais l'éloge de l'*ami* Bocage atteignait aux extrêmes limites du style pompeux. On lui faisait tous les honneurs du mouvement romantique. C'était bien lui, c'était lui seul qui avait amené l'art théâtral dans les voies nouvelles.

Et cependant madame Sand ne voulait pas se moquer de son *ami*.

Bocage, après cent vingt représentations successives, imagina des plans magnifiques pour perpétuer l'état prospère de sa caisse. A l'en croire, le théâtre de la rive gauche devait être organisé comme un théâtre de province et jouer tous les genres.

Il engage Clarence et Deshayes pour le

mélodrame, Achard pour l'opéra-comique et le vaudeville, avec mademoiselle Désirée, madame Jules Séveste, et une douzaine de danseuses pour les ballets.

Au nombre de ces dernières se trouvait mademoiselle Ferdinand, sujet rare, qui excellait à lever un de ses pieds bien au-dessus de sa tête.

Mais les fantaisies musicales et chorégraphiques de M. Bocage ne se trouvent point être du goût d'Alexandre Mauzin, commissaire de la République près du second Théâtre-Français.

Le soir de la représentation de la *Farnezina*[1], le directeur le voit arriver tout ému.

[1] Petite comédie de Méry, ornée d'un hors-d'œuvre de chant et de danse.

— Citoyen Bocage, crie Mauzin, ce que vous faites n'a pas d'exemple !

— Qu'est-ce? qu'y a-t-il? que voulez-vous? demande notre héros, s'appliquant le lorgnon sur l'œil droit.

— Je viens vous rappeler à votre mandat.

— Vous plaisantez, sans doute?

— Un commissaire du gouvernement ne plaisante jamais. Il faut supprimer vos baladins et vos chanteurs. Cela est indigne du théâtre national de l'Odéon.

— Mais à l'Opéra, mon cher, on chante et on danse; A la Comédie-Française on dansait et on chantait autrefois. Si vous l'ignorez, tant pis pour vous. Moi, Bocage, homme d'initiative et d'élan, je suis les traditions. Donnez-moi six cent mille francs comme à l'Opéra... vous verrez !

— Citoyen, je ferai mon rapport, dit solennellement le commissaire en quittant le cabinet directorial.

Il tint parole.

Bocage, sommé de mettre un terme à ses innovations, prit la chose en mauvaise part. Dans un but de vengeance et pour châtier le ministère, il eut l'inspiration malheureuse de faire jouer une pièce politique, toute remplie d'allusions contre les hommes du jour.

Elle était intitulée *Une Nuit blanche, fantaisie noire*.

On nomme comme auteurs MM. Boquillon père et fils.

Les étudiants, tapageurs et républicains, saluent avec transport la *Nuit blanche*, qui est interdite et amène la disgrâce administrative de M. le directeur[1].

Bocage va donner quelques représentations en province.

Au mois de janvier, la Porte-Saint-Martin le rappelle et lui offre un rôle confectionné tout exprès dans les nuances de son beau talent. Nous parlons du rôle de *Claudie*.

Succès pyramidal, et nouvelle préface

---

[1] Bocage avait commis quelques autres méfaits, entre autres celui d'exciter les étudiants, chaque soir, à chanter la *Marseillaise*. Il savait déjà que son renvoi était décidé lorsqu'une estafette lui apporte une lettre par laquelle on l'engage à passer au cabinet du ministre pour affaire concernant la direction. Le grand républicain prend une plume et répond : « M. Bocage a l'honneur de prévenir M. le ministre qu'il est visible à l'Odéon tous les jours, de deux heures et demie à quatre heures. » Le ministre répond à son tour et sans désemparer : « M. le ministre de l'intérieur a l'honneur de prévenir M. Bocage qu'il lui retire le privilége de l'Odéon. »

de madame Sand. On y remarque ces lignes touchantes :

« Moi-même j'ai pleuré en vous voyant et en vous écoutant. Je ne savais plus de qui était la pièce; je ne voyais et je n'entendais que votre douleur et votre piété; et, comme le cœur saisi et rempli d'émotion ne trouve guère de paroles, ici comme là-bas, je ne sais que vous dire : Merci ! C'est beau, c'est bien, c'est bon ! »

Le triomphe obtenu dans le rôle du père Remy n'empêcha point notre comédien de disparaître, quatre années durant, de la scène parisienne¹.

¹ Depuis 1854, on ne l'a vu reparaître que trois fois : au Vaudeville d'abord, où le *Marbrier* ne conjura point la chute de l'administration Thibaudeau; à l'Ambigu, où il reprit, sans beaucoup de réussite, quelques-uns de ses vieux rôles, et à la Porte-Saint-Martin, où Marc Fournier, jadis son plus violent ennemi (voir les collections de feu le *Corsaire*), lui confia

Ce fut pendant cet intervalle que les journaux annoncèrent la fugue étrange de mademoiselle Marie Bocage.

Ayant des idées antireligieuses parfaitement arrêtées, et ne supportant pas à cet égard le moindre reproche ni la moindre contradiction, l'illustre acteur avait jugé convenable de ne point délivrer son enfant de la tache originelle. La jeune fille approchait de sa quinzième année, et le sacrement de l'eucharistie semblait à monsieur son père aussi superflu que celui du baptême.

Or la conscience de Marie n'était point rassurée. Les convictions de Buridan ne

---

la triple besogne de représenter, dans le drame intitulé *Paris*, Merlin, Abeilard et Molière. Le citoyen Bocage se fait aujourd'hui professeur de déclamation et s'intéresse vivement aux jeunes personnes qui suivent ses cours.

pénétraient en aucune sorte dans son âme.

Une parenté dévote, après avoir donné secrètement une éducation pieuse à sa jeune cousine, lui conseilla d'échapper par la fuite au despotisme paternel, afin qu'elle pût demander à l'Église les deux sacrements qui lui manquaient.

La néophyte reçut l'eau sainte, fit sa première communion, et rentra chez son père, après cinq jours d'absence.

Il est probable que l'acteur démocrate et voltairien ne se consolera jamais d'avoir une fille catholique, apostolique et romaine.

Ah! c'est un personnage très-ancré dans ses principes, chers lecteurs, que celui dont nous écrivons l'histoire! Sur toutes choses il a des doctrines carrément établies, et dont il ne souffre pas que personne conteste l'infaillibilité.

La commission chargée de préparer au conseil d'État la loi sur les théâtres invite, un jour, le citoyen Bocage à lui donner quelques éclaircissements, en sa qualité d'homme spécial sur la matière.

— Mon avis, dit-il, est qu'on expédie au plus vite dans les bourgs et dans les hameaux les plus reculés de France de bons acteurs, avec des théâtres portatifs. C'est l'unique moyen de moraliser les populations.

— A ce compte-là, monsieur Bocage, dit un conseiller, le *Roman comique* serait votre Évangile?

— Oui, monsieur, répondit-il gravement.

— Que pensez-vous de la censure? lui demande un autre commissaire.

— La censure, messieurs... absurde chose! Elle n'empêche rien. Tenez, moi qui vous parle, je désirais, en 1831, faire de l'opposition au gouvernement. Une pièce de Lemercier, *Pinto*, me semble favorable à mes projets. Il y a dans cette pièce une conspiration ; Pinto veut détrôner un roi d'Espagne. Arrive une scène où on lui remet un papier; il s'écrie, en le lisant : « A bas Philippe! » La censure ne biffe point ce passage, et je le prononce de manière à électriser toute la salle. On suspend la pièce, le ministre demande des coupures... Allons donc ! Je remplace par des gestes la phrase supprimée ; je glisse des allusions, et voilà de nouveau le parterre en incandescence. Non, messieurs, croyez-moi, point de censure ! Elle est incapable de lutter contre un acteur de génie. »

Les conseillers d'État trouvèrent M. Bocage très-modeste, et lui surent gré des vives lumières qu'il apportait dans la question.

Cette confiance absolue de notre homme en lui-même lui attira plus d'un désagrément de la part du public.

Un soir, à l'Ambigu, M. Bocage avait oublié d'étudier son rôle et brédouillait de manière à rendre le dialogue inintelligible. Tout à coup un miaulement effroyable part des régions supérieures de la salle.

— Faut-il cesser de jouer ? demande l'artiste, d'un ton superbe, aux spectateurs livrés à une hilarité bruyante.

— C'n'est pas moi, m'sieu Bocage, cria la voix railleuse d'un titi... C'est lui, c'est Polyte !

— Alors, je continue, fit Bocage, le front rasséréné.

Le jour de la première représentation des *Sept Infants de Lara*, il jouait avec tant de nonchalance et de sans-gêne le personnage de Gonzalo-Gonzalès, qu'il ne prenait même pas la peine d'ouvrir la bouche pour débiter son rôle.

— Plus haut ! crie impérieusement une voix du parterre.

Bocage fronce le sourcil comme Jupiter Olympien, jette un coup d'œil rempli de menace à l'interrupteur, et continue de bredouiller.

— Plus haut ! reprend la voix sur le même ton.

Bocage fait un geste de colère, s'approche de la rampe, et dit :

— L'auteur de cette impertinence voudra bien déclarer si elle s'adresse au citoyen ou à l'artiste.

— Elle s'adresse au cabotin qui ne sait pas son rôle ! cria, du point le plus culminant du paradis, un autre spectateur, beaucoup plus mal élevé.

Le parterre eut le mauvais goût de rire de l'apostrophe.

De semblables humiliations ne guérirent point M. Bocage de son orgueil. Pendant sa phase directoriale, cet orgueil prit de nouveaux et de plus gigantesques accroissements.

A une illumination de la Saint-Philippe, aux Tuileries, notre héros se trouve un peu serré dans la foule et gourmande cinq ou six ouvriers, au voisinage et à la presse desquels il attribue la gêne de ses mouvements. Ceux-ci l'envoient paître sans plus de façon.

— Qu'est-ce à dire?... A qui donc croyez-vous parler? leur crie-t-il. Sachez que je suis Bocage!

— Connais pas, riposte un des prolétaires.

Et tous d'éclater avec impertinence au nez de M. le directeur, qui s'attendait aux plus humbles excuses.

Un autre jour, il rencontre Gérard de Nerval, qui avait la vue basse, et qui le coudoie sans le reconnaître.

Bocage entre à l'Odéon dans un état de colère effrayant, la figure blême, les lèvres convulsives.

— A-t-on jamais vu! s'écrie-t-il en plein

foyer, Gérard qui passe auprès de moi sans se découvrir !... Parce que la *Revue des Deux Mondes* insère de sa prose... Faquin !... Comme si le dernier des artistes dramatiques n'était pas au-dessus du premier des hommes de lettres !

Ces paroles du grand acteur sont reproduites ici textuellement. Il y avait là trente ou quarante témoins qui peuvent certifier l'exactitude de la citation.

Mais, direz-vous, c'est de la folie ! Pas le moins du monde.

Sans trouble du cerveau, sans aucune lésion organique, sans être malade, bien naturellement et bien franchement Bocage se croit le plus grand homme de son siècle.

FIN.

Dans un article *Variétés*, publié par les *Débats* le 25 avril, M. Jules Janin vomit contre les biographes un véritable déluge de fiel. Nous aurons l'honneur de répondre au *prince des critiques* en tête de notre prochain volume. Il est bon de mettre nos lecteurs en garde contre les perfides insinuations d'un homme qui ne nous pardonnera jamais d'accorder à d'autres le mérite qu'il n'a pas.

Cher Maître !... ne t'ordonnant
d. la gymique, je resterai demain
vendredi, chez moi — tout le jour —
Les auteurs d'Épi en mat
désireraient avoir votre avis, sur
leur petit chef d'œuvre en 5 acts,
Si vous [barré] étiez disposés
à leur faire ce plaisir, aj
l'obligeance d. m'écrire un oui.
Le matin et le Soir vous
Subiriez cette [barré].
bien à vous
Borage
49 bis — rue Madame

www.ingramcontent.com/pod-product-compliance
Lightning Source LLC
LaVergne TN
LVHW050632090426
835512LV00007B/814